똥

사람과 동물의 위와 장에서

음식과 먹이가 소화 흡수된 뒤 남은 찌꺼기가

직장을 통해서 몸 밖으로 나온 것.

지은이 **페르닐라 스탈펠트**

1962년 스웨덴의 외레브로라는 곳에서 태어났어요. 대학에서 문화학과 예술학을 공부한 뒤에 박물관에서 어린이들에게 현대미술을 가르치는 일을 했습니다.
1997년부터 그림책 작가로 활동하면서 《죽으면 어떻게 돼요?》《세상으로 나온 똥》《두들겨패줄 거야》 등 많은 그림책을 쓰고 그려서, 엘사 베스코브상 등의 어린이문학상을 받았어요. 특히 모든 작품에는, 동화책 《삐삐 롱스타킹》을 쓴 작가, 아스트리드 린드그렌을 추모하기 위해 스웨덴 정부가 제정한 국제아동문학상인 아스트리드 린드그렌상이 주어졌습니다.

옮긴이 **이미옥**

경북대학교 독어교육과를 졸업하고 독일 괴팅겐대학교와 경북대학교에서 독문학 석·박사 학위를 받았습니다. 지금은 〈초코북스〉라는 저작권 에이전시를 운영하며 번역가로 활동합니다.
옮긴 책으로 《죽으면 어떻게 돼요?》 등의 처음철학그림책 시리즈, 《괜찮아, 보이는 게 전부는 아니야》 《피카소는 어떤 화가일까?》《미로는 어떤 화가일까》《나는 나야, 그렇지?》 등 60여 권이 있습니다.

처음 철학 그림책
···
똥

세상으로 나온 똥

페르닐라 스탈펠트 글 그림 | 이미옥 옮김

시금치

살아 있는 건 누구나 똥을 눠. 동물도 사람도.

식물이야 똥을 안 누지.

사람들은 똥을 더럽다고 해.

냄새가 지독해서 그럴지도 몰라.

그런데 똥을 재미있어하는 친구들도 많지.

어떤 녀석들은 똥을 먹기도 해.

똥 생김새를 좀 볼까?
솔방울처럼 생긴 똥.

소나무의 솔방울

똥 솔방울

전나무의 솔방울

소시지처럼 생긴 똥.

똥 소시지

데워서 먹는 작은 소시지

나사못처럼 생긴 똥도 있어.

나사 모양의 똥

일반 나사

가끔 죽처럼 생긴 똥도 있지.

이건 설사라고 해.
배가 아플 때 누잖아.

똥은 엉덩이에 있는 똥구멍에서 나와.

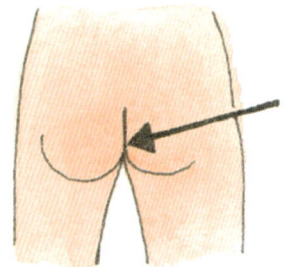

똥 색깔은 여러 가지야.

보통 누는 누런 똥

노란 똥

검은 똥

빨간 똥

빨간 사탕무를 먹으면 빨간 똥을 눌 수 있지.

아무리 똥을 누려고 해도
며칠 동안 똥이 안 나올 때도 있지.
그걸 변비라고 해.

페르닐라 아줌마

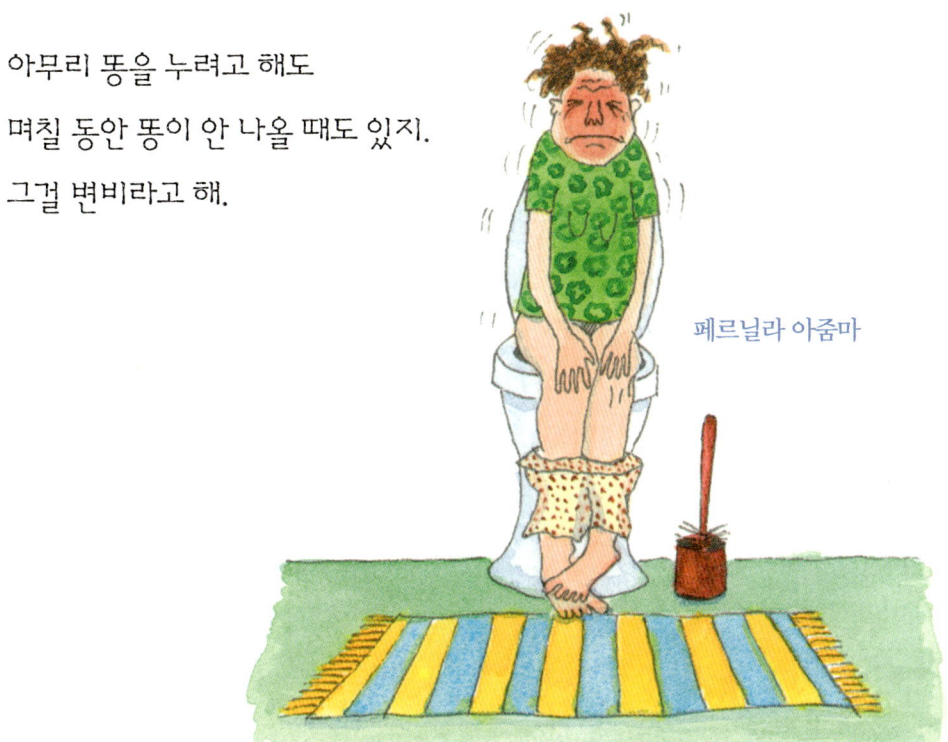

하지만 언젠가는 나오게 돼 있어.
그때는 아주 기다란 소시지 같은 똥이 나올지도 몰라.

동물의 똥은 흔적이나 자국이
되기도 해.

발자국

똥 자국

똥 자국

발자국

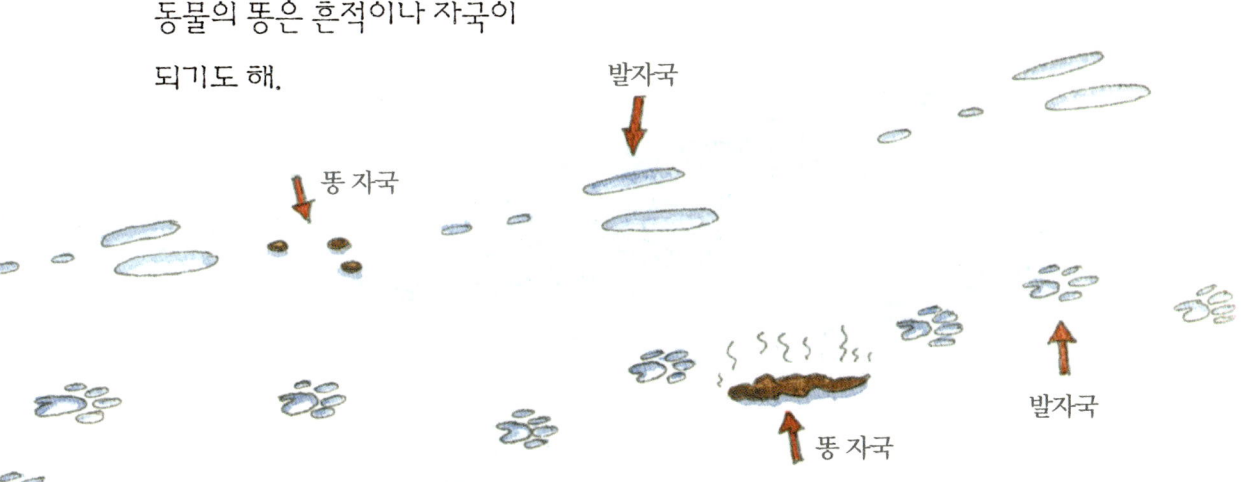

숲에서 똥을 보면, 어떤 동물이 사는지 알 수 있거든.

동물들은 여러 가지 똥을 눠.
생긴 것만 봐도 누구 똥인지 알 수 있어.

생쥐 똥

찬장 안에 있는 똥을 보면
생쥐가 들어왔는지 아닌지
금방 알 수 있어.

시궁쥐 똥은 생쥐 똥과 비슷하지만 더 커.

새똥

다른 새똥

양 똥

고라니 똥

목걸이를
만들 수도 있어.

토끼 똥

말똥

두두둑
소똥

물고기의 똥은 소시지도 아니고 솔방울도 아니고,
기다란 실처럼 생겼어.

코끼리 똥은 어마어마하게 커.

개는 똥 냄새를 맡으면 다른 개가 왔다 간 걸 안대.

개들은 길에서 똥을 잘 누잖아.

그래서 누구나 개가 똥 누는 걸 볼 수 있어.

하지만 사람들은 다른 사람이 보는 데서는 똥을 못 눠.

사람들은 화장실이라는
특별한 곳에 들어가서 문을 닫지.

화장실에는 도자기로 만든 변기가 있어.
속은 텅 비어 있고, 물이 조금 고여 있지.

물은 똥을 씻어 내려.
똥이 변기에 붙어 있으면, 똥을 좋아하는 박테리아가 생기거든.
박테리아는 우리를 병들게 할 수 있어.

우리는 똥을 원해!   우리애게 똥을 줘!

변기에는 특이한 게 달려 있어.

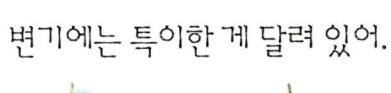

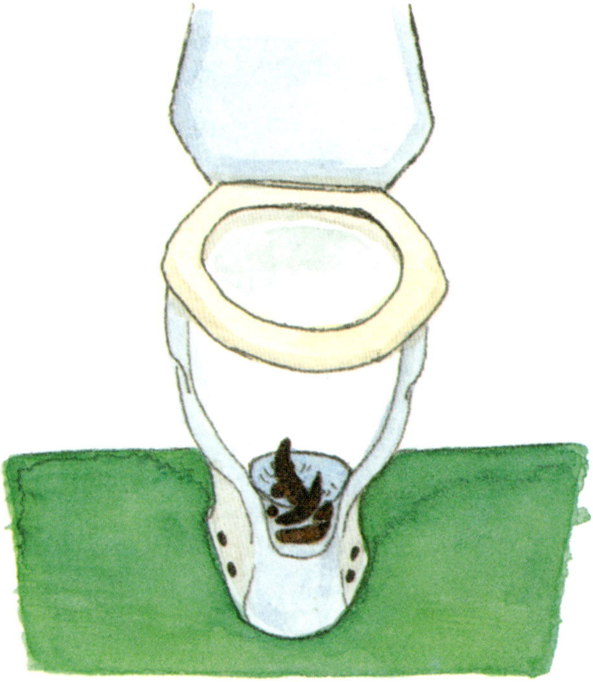

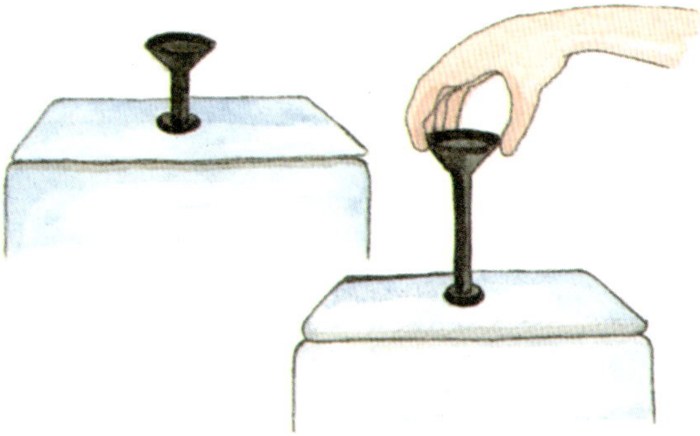

튀어나온 걸 위로 당기면
변기 안에 있는 똥이 휘리릭….

변기 물을 내리고 똥이
사라지는 모습을 보는 것도
재미있어.

관을 지나
똥 모으는 통으로 흘러가.

시골에는 물이 나오는 변기가 없는 곳도 있어.
재래식 화장실이 바로 그런 데야.

변기는 여러 개지만
물이 나오는 건 없지.

똥은 변기 구멍 밑에 있는 통에 떨어져.

똥이 가득 차면 트럭이 와서 싣고 가.

똥을 실어 나르는 트럭 운전사가 쌩쌩 달려간다면,
버스 정류장에 서 있는 사람들은 어떻게 될까?

운전사가 속도를 내.

똥 범벅이 되겠지!

꽃들은 똥을 좋아해. 맛있다며 아주 잘 먹지.

꽃이 먹는 똥을 거름이라고 해. 사람들은 꽃이 사는 흙에다가 거름을 줘.

꽃은 입 대신 뿌리로 먹어.
뿌리는 땅속에 있어.
비가 오면, 똥은 물과 함께
땅속으로 스며들게 돼.

뿌리는 똥이 섞인 물을
쭉쭉 빨아들여.
그러면 꽃이 쑥쑥 자라.

아이들은 방귀와 똥 이야기를
좋아하지만, 어른들은 안 그래.
우리가 자꾸 똥 이야기만 늘어놓는다면,

어른들은
울고 싶어질지도 몰라.

슐라우 부인과 마이어 씨

어른들이 좋아하는 이야기는 아마도……

냄새도 안 나고 누런 색깔이
아닌 것에 대한 이야기일 거야.

갓난아기는
언제 오줌을 눠야 하는지
언제 똥을 눠야 하는지
잘 몰라.

기저귀 = 오줌과 똥을 받아 내는 물건

갓난아기는 기저귀를 채워야 해. 안 그러면 아기가 가는 데마다
똥과 오줌이 있을 테니까!

방귀를 뀌어야 할 때도 있지.

뽕 뽕 뿌우우웅

방귀 소리를 입으로도 낼 수 있어.

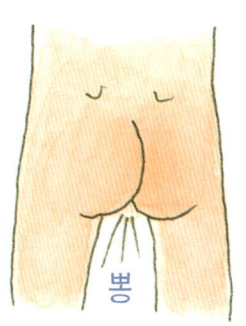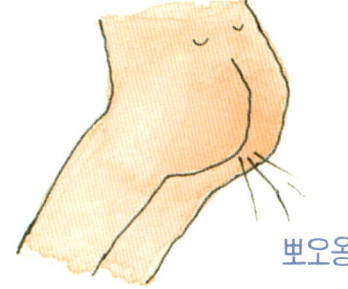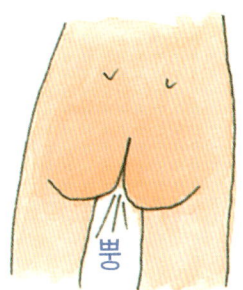

뽕   뽀오옹   뽕

하지만 방귀는 본래 똥구멍으로 뀌지.

방귀를 뀌면 재미는 있지만, 냄새가 엄청 지독할 때도 있어.

방귀 색깔도 누런색일까?

생김새는 누런 구름 모양?

그렇지 않아.

방귀는 공기처럼 눈에 보이지 않아.

방귀를 볼 수는 없지만, 냄새로 다 알 수 있어.

방귀 = 공기 + 똥 냄새

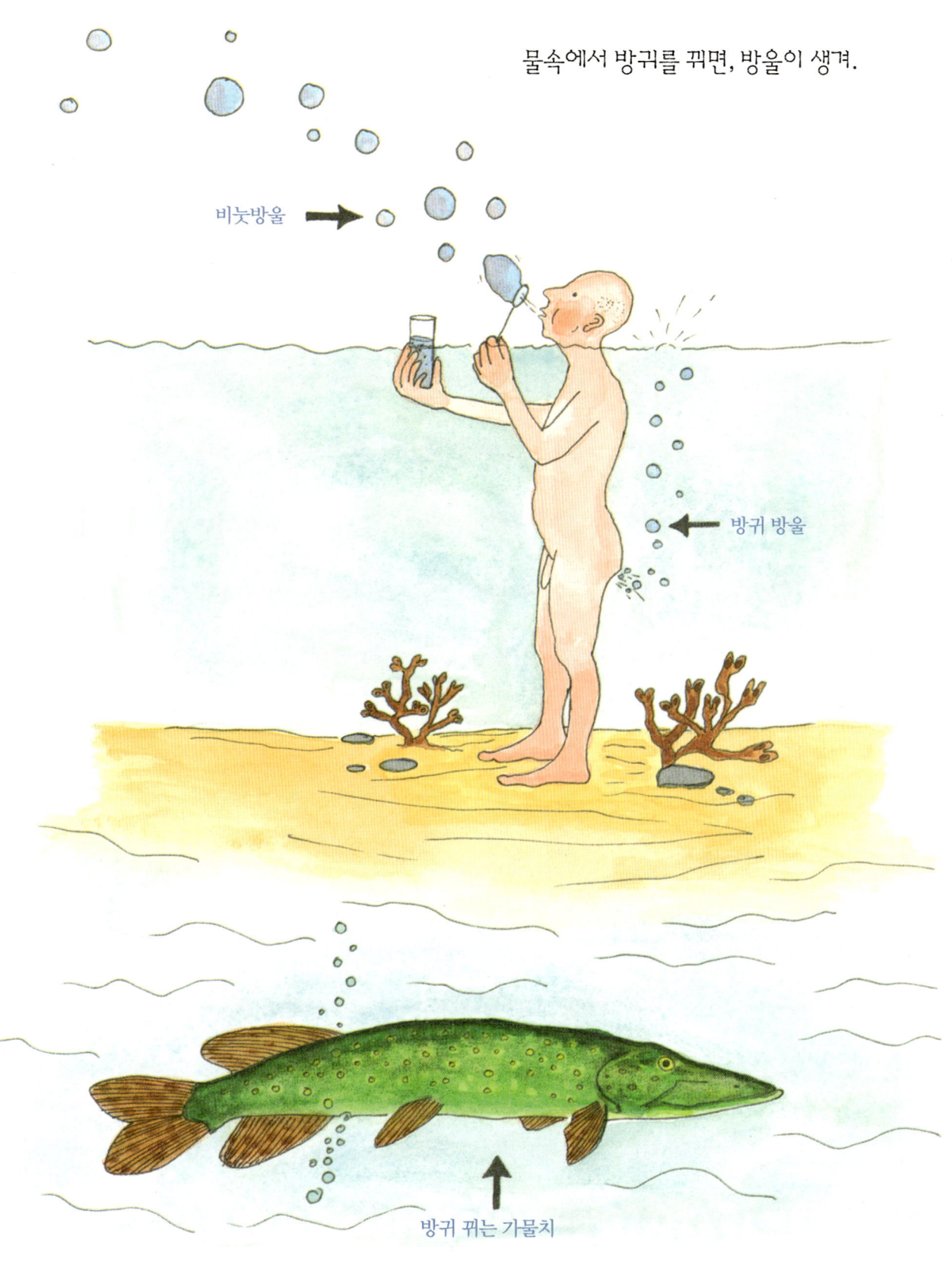

아프리카에서는 소똥으로 집을 짓기도 한대.

소똥을 햇볕에 말리면 딱딱해지거든.

수많은 사슴을 방에 모아 놓고,
똥을 마음껏 누게 둔다면……

그 많은 똥으로 높은 아파트를
지을 수도 있을 거야.
아파트를 지으면 아주 많은
사람들이 살 수도 있겠지.

갑자기 비가 내려서
똥으로 지은 아파트가
녹아 버린다면,

거기에서 딸기를 키울 수도 있을 거야.

똥　　　　　흙　　　　　씨앗　　　　　딸기

높은 아파트에서 살던 사람들은 맛있는 딸기를 먹을 수 있겠지.

동물의 어미들은 새끼가 눈 똥을 먹어 버리곤 해.
그렇게 해서 흔적을 없애려는 거지.

그러니까 어미들은 청소기가 필요 없겠지.

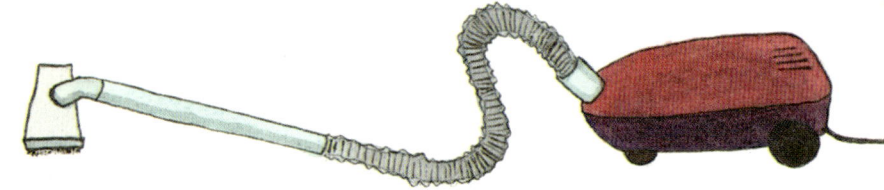

사람들이 똥을 먹는다면,
어떻게 될까?

오늘은 뭘 먹어요?

오늘은 똥 소시지랑 새콤한 샐러드야.

똥 = 이미 먹은 음식

침대 위에서 폴짝폴짝 뛰면서, 방귀 뀌는 흉내를 내는 거야.
방귀 소리는 입으로 내고.

마지막에 함께 노래를 불러도 좋아. 하지만 똥 노래는
별로 없으니까, 네가 지어내야 할 거야.

"작은 다람쥐
동그란 변기 구멍 속으로
방귀를 뽀옹.
똥은 소시지처럼 길어.
이런 게 바로 똥 노래!"

처음 철학 그림책 〈똥〉 | 세상으로 나온 똥

초판 1쇄 발행 2014년 6월 5일 | 초판 3쇄 발행 2020년 4월 1일 | 지은이 페르닐라 스탈펠트 | 옮긴이 이미옥
펴낸이 송영민 | 디자인 달뜸창작실 | 교정 교열 박찬석, 신정숙
펴낸곳 시금치 | 주소 서울시 마포구 잔다리로7길 18, 502호 | 전화 02-725-9401 | 팩시밀리 02-725-9403
전자우편 7259401@naver.com | 홈페이지 www.greenpub.co.kr | 페이스북 www.facebook.com/spinagebook
출판신고 제2019-000104호
ISBN 978-89-92371-24-7 74100
        978-89-92371-22-3(세트)74100

BAJSBOKEN by Pernilla Stalfelt
© 1999 Rabén & Sjögren, Sweden
Korean translation Copyright © 2014 by GREEN SPINACH PUBLISHING
All rights reserved.
The Korean language edition is published by arrangement with
Rabén & Sjögren Agency, Sweden through MOMO Agency, Seoul.

이 책의 한국어판 저작권은 모모 에이전시를 통해 Rabén & Sjögren Agency 사와의 독점 계약으로 도서출판 시금치에 있습니다.
저작권법에 의해 한국에서 보호를 받는 저작물이므로 무단전재와 무단복제를 금합니다.
「이 도서의 국립중앙도서관 출판시도서목록(CIP)은 서지정보유통지원시스템 홈페이지(http://seoji.nl.go.kr)와
국가자료공동목록시스템(http://www.nl.go.kr/kolisnet)에서 이용하실 수 있습니다.(CIP제어번호: CIP2014014780)」

* 어린이 제품 안전특별법에 의한 제품 표시 | **제품명** 세상으로 나온 똥 | **제조국명** 대한민국 | **제조자명** 도서출판 시금치 |
  전화번호 02-725-9401 | **주소** 서울시 마포구 잔다리로7길 18, 502호 | **제조연월일** 2020년 4월 1일 | **사용연령** 36개월 이상

값은 뒤표지에 있습니다. 잘못 만들어진 책은 구입하신 서점에서 바꾸어 드립니다.